So wird es gemacht:

Öffne das LÜK®-Kontrollgerät und lege die Plättchen in den unbedruckten Deckel!
Jetzt kannst du auf den Plättchen und auf der Bodenplatte die Zahlen 1 bis 24 sehen.

Beispiel: Seite 2 **Wortfeldübungen mit Wiewörtern.**
Nimm ein Plättchen — z.B. das Plättchen 1 und sieh dir Aufgabe 1 an: **leise**. Finde nun das Wort mit ähnlicher Bedeutung!
Die Lösung ist **ruhig** mit der Feldzahl **14**.
Lege das Plättchen 1 auf die Zahl **14** des Gerätebodens!

1	2	3	4	5	6
7	8	9	10	11	12
13	14	15	16	17	18
19	20	21	22	23	24

So mußt du weiterarbeiten, bis alle Plättchen im Geräteboden liegen.

Schließe dann das Gerät und lege es herum! Öffne es von der Rückseite! Wenn du das bei der Übungsreihe abgebildetete Muster siehst, hast du alle Aufgaben richtig gelöst. Passen einige Plättchen nicht in das Muster, dann hast du dort Fehler gemacht. Wende diese Plättchen dort, wo sie liegen, um, schließe den Kasten, lege ihn herum und öffne ihn wieder! Nun kannst du sehen, welche Aufgaben du falsch gelöst hast. Nimm jetzt diese Plättchen heraus und suche die richtigen Ergebnisse! Kontrolliere dann noch einmal! Stimmt jetzt das Muster?

Und nun viel Spaß!

Wortfeldübung mit Wiewörtern (Adjektiven)

Finde das Wort mit ähnlicher Bedeutung!

1 leise	eisig (17)
2 schön	feucht (22)
3 naß	ruhig (14)
4 krumm	riesig (9)
5 groß	gebogen (13)
6 kalt	hübsch (18)

7 lahm	gewichtig (21)
8 klein	geschlossen (1)
9 schwer	langsam (6)
10 kariert	niedrig (2)
11 dicht	geöffnet (5)
12 offen	gemustert (10)

13 laut	undurchsichtig (19)
14 hell	grell (24)
15 leicht	glühend (12)
16 trüb	schwerelos (15)
17 heiß	schrill (20)
18 nackt	unbekleidet (16)

19 nett	tanzend (3)
20 sauber	grinsend (23)
21 hüpfend	gekocht (4)
22 lachend	freundlich (11)
23 glatt	rein (8)
24 gar	rutschig (7)

Wortfeldübung mit Namenwörtern (Nomen)

Gesucht: Das Wort mit ähnlicher Bedeutung

1 Schiff	Einbrecher (4)
2 Dieb	Glocke (3)
3 Haus	Haarschnitt (19)
4 Abend	Dampfer (12)
5 Frisur	Dämmerung (11)
6 Klingel	Villa (7)

7 Tischler	Fensterglas (23)
8 Scheibe	Karotte (16)
9 Schlips	Stube (20)
10 Zimmer	Schreiner (15)
11 Hausschuh	Krawatte (8)
12 Möhre	Pantoffel (24)

13 Gaststätte
14 Linie
15 Dusche
16 Wärme
17 Messer
18 Taxi

Brause (1)
Mietwagen (2)
Dolch (22)
Strich (9)
Eßlokal (5)
Hitze (6)

19 Socken
20 Wellen
21 Wiese
22 Zaun
23 Huhn
24 Teufel

Satan (13)
Weide (14)
Strümpfe (21)
Henne (17)
Gitter (10)
Wogen (18)

Wortfeldübung mit Tuwörtern (Verben)

Welche Wörter haben eine ähnliche Bedeutung?

1 schleichen
2 schlagen
3 pfeifen
4 laufen
5 putzen
6 sprechen

rennen (15)
reinigen (7)
pirschen (16)
reden (23)
hauen (24)
flöten (19)

7 kleben
8 angeln
9 bellen
10 springen
11 dampfen
12 malen

kläffen (20)
zeichnen (12)
leimen (11)
hüpfen (8)
qualmen (4)
fischen (3)

13 rufen

14 essen

15 segeln

16 quaken

17 stoßen

18 ziehen

schreien (21)

fliegen (13)

drücken (6)

reißen (14)

schnattern (22)

speisen (17)

19 schauen

20 drehen

21 putzen

22 mähen

23 leuchten

24 röcheln

schneiden (18)

wischen (2)

scheinen (9)

blicken (5)

stöhnen (1)

wenden (10)

Wortfamilien von Tuwörtern (Verben)

Ordne richtig zu!

1	führen	Schwimmbad	23
2	fahren	Lesebuch	10
3	rufen	Vorliebe	9
4	kreisen	Einberufung	18
5	schwimmen	Ballspieler	19
6	tanzen	Einführung	4
7	spielen	Eintragung	20
8	lesen	Erdkreis	3
9	rechnen	Hochzeitstanz	14
10	klären	Abfahrt	13
11	lieben	Erklärung	24
12	tragen	Abrechnung	17

13	schreiben	Rätsel	5
14	kämmen	Windmühle	22
15	raten	Fremdsprache	7
16	schneiden	Abflug	21
17	sprechen	Gesang	8
18	loben	Schriftstück	16
19	singen	Auftritt	2
20	mahlen	Abschnitt	15
21	schreiten	Schlaftrunk	12
22	treten	Hahnenkamm	1
23	fliegen	Fortschritt	11
24	trinken	Gelöbnis	6

Genaue Bezeichnungen

Welches Wiewort (Adjektiv) paßt **nicht** zu dem Namenwort (Nomen)?

1	Fuchs	schlau 19	gedankenlos 11	listig 2
2	Richter	gerecht 13	belesen 23	versalzen 7
3	Pfeife	ertrunken 22	laut 18	schrill 15
4	Haare	kurz 5	gefärbt 1	gemäht 12
5	Brille	klar 20	geboren 16	sauber 17
6	Hose	viereckig 8	schmutzig 24	gewaschen 9
7	Fußball	rund 14	schmackhaft 2	ledern 3
8	Lehrer	nett 24	freundlich 10	gebraten 6
9	Eisen	rostig 11	blank 7	schlau 21
10	Nebel	seekrank 15	kühl 12	feucht 4
11	Flugzeug	schnell 18	verstaucht 5	teuer 8
12	Brot	farbig 1	warm 21	knusprig 13

13	Zähne	sauber 17	weiß 6	gestrickt 24
14	Schulbus	voll 2	verkocht 20	überladen 16
15	Suppe	vergraben 10	gewürzt 9	lecker 1
16	Rennwagen	schnell 12	schnittig 3	barfuß 23
17	Wasser	naß 6	trocken 13	kalt 22
18	Lineal	explosiv 9	lang 4	gerade 11
19	Seifenblase	leicht 7	bunt 8	versteinert 14
20	Kaktus	vertrocknet 16	vollgetankt 17	stachelig 19
21	Diamant	verliebt 3	wertvoll 15	klar 5
22	Asche	rußig 21	süß 19	schwarz 20
23	Trauben	reif 23	grün 22	erkältet 18
24	Globus	beleidigt 4	beleuchtet 14	rund 10

Wörter-Rätsel

Welche Wiewörter (Adjektive) beschreiben was?

1 klein ◀▶ stachelig ◀▶ vierbeinig

2 groß ◀▶ muskulös ◀▶ schlagstark

3 golden ◀▶ wertvoll ◀▶ rund

4 hell ◀▶ gläsern ◀▶ durchsichtig

5 stählern ◀▶ scharf ◀▶ spitz

6 dick ◀▶ bedruckt ◀▶ spannend

7 naß ◀▶ schuppig ◀▶ eßbar

8 leicht ◀▶ bunt ◀▶ flugfest

9 heiß ◀▶ strahlend ◀▶ blendend

10 reif ◀▶ knackig ◀▶ süß

11 aktiv ◀▶ feuerspeiend ◀▶ heiß

12 schnell ◀▶ gestreift ◀▶ vierfüßig

16
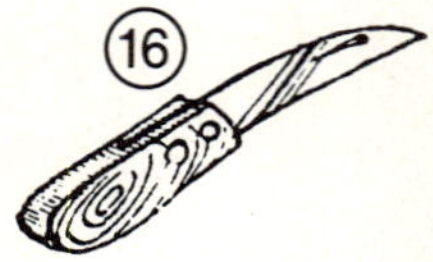

4

12

8

7

19

3
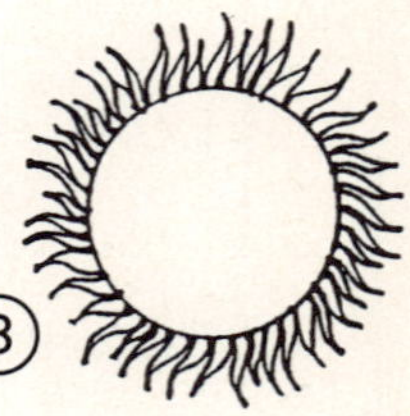

23

11

24
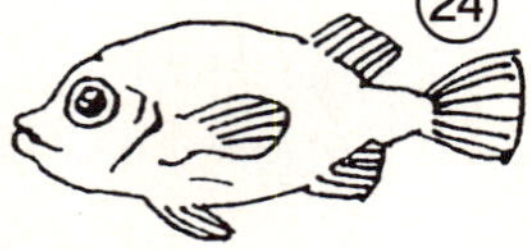

20
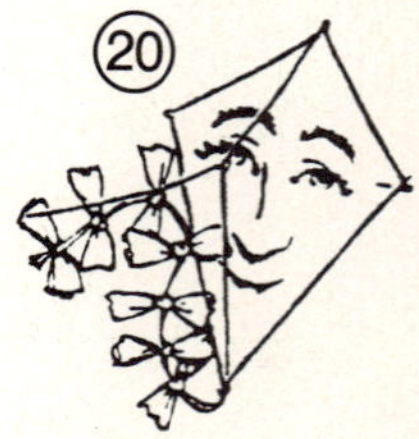

15

(5)

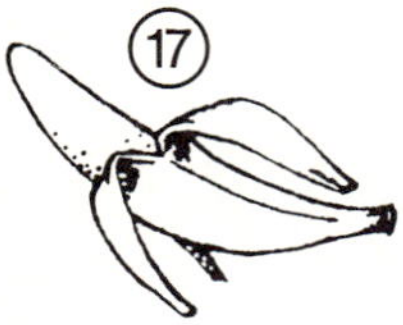

(17)

(9)

(21)

(10)

(6)

(22)

(14)

(1)

(18)

(13)

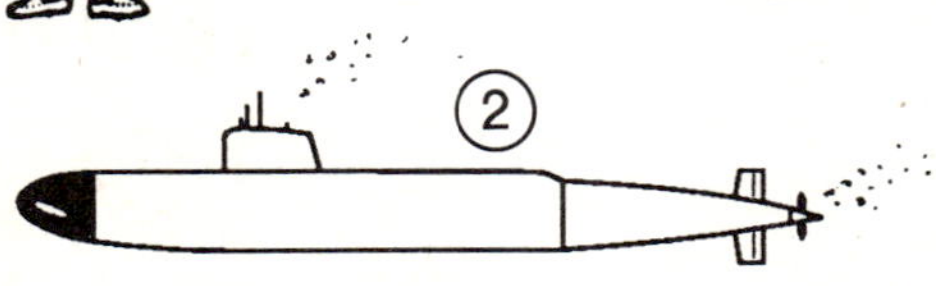

(2)

13 eisern ◀▶ seefest ◀▶ wasserdicht

14 stark ◀▶ grausam ◀▶ einäugig

15 gemischt ◀▶ kalt ◀▶ lecker

16 ledern ◀▶ rund ◀▶ trittfest

17 gelb ◀▶ krumm ◀▶ gesund

18 bemalt ◀▶ lustig ◀▶ kinderlieb

19 aufgezogen ◀▶ genau ◀▶ tickend

20 mutig ◀▶ kriegerisch ◀▶ rothäutig

21 süß ◀▶ klebrig ◀▶ schmackhaft

22 hoch ◀▶ steil ◀▶ felsig

23 grün ◀▶ glückbringend ◀▶ vierblättrig

24 rot ◀▶ gepunktet ◀▶ giftig

Heiteres Beruferaten

Welche Berufe werden in Kurzform beschrieben?

1	überprüfen, starten, fliegen	Bauer	12
2	untersuchen, abhorchen, verschreiben	Jäger	20
3	pflügen, säen, ernten	Polizist	17
4	anschleichen, schießen, ausweiden	Pilotin	7
5	beobachten, verhaften, schützen	Schriftsteller	10
6	lesen, dichten, schreiben	Ärztin	9
7	anschreiben, unterrichten, verbessern	Tischler (Schreiner)	6
8	retten, löschen, helfen	Frisör	3
9	begrüßen, einschenken, servieren	Gärtnerin	14
10	sägen, hobeln, leimen	Kellner	23
11	pflanzen, umtopfen, verkaufen	Lehrerin	4
12	kämmen, schneiden, fönen	Feuerwehrmann	1

13	reiten, einfangen, fesseln	Elektriker	8
14	zerlegen, würzen, braten	Cowboy	19
15	singen, beten, segnen	Taxifahrerin	24
16	messen, verkabeln, abklemmen	Zahnarzt	15
17	untersuchen, bohren, füllen	Köchin	22
18	anhalten, mitnehmen, funken	Priester	11
19	messen, zuschneiden, anprobieren	Musiker	5
20	tanken, prüfen, reparieren	Fotografin	2
21	üben, auftreten, spielen	Schneiderin	16
22	starten, lenken, rasen	Kranken-schwester	18
23	einstellen, knipsen, entwickeln	Tankwart	13
24	pflegen, versorgen, spritzen	Rennfahrer	21

In der Kürze liegt die Würze

Ordne die Gegenstandsbeschreibungen zu!

1	... sie spendet der Erde Licht und Wärme ...	Heu 18
2	... Körperteil, mit dem Vögel Nahrung zu sich nehmen ...	Vulkan 2
3	... kein Landwirt redet von getrocknetem Gras ...	Tritt 5
4	... so nennt man einen Reitersitz ...	Kreuzung 17
5	... Holzpuppe, die an Fäden hängt und damit bewegt wird ...	Lüge 9
6	... darin trägt ein Känguruh sein Junges spazieren ...	Sonne 21
7	... feuerspeiender Berg ...	Kerne 10
8	... kleinste Teile im Apfelinneren ...	Beutel 14
9	... Stelle, an der sich Straßen überschneiden ...	Schnabel 13
10	... so nennt man einen Stoß mit dem Fuß ...	Wasser 1
11	... anderes Wort für Unwahrheit oder falsche Aussage ...	Marionette 6
12	... diesen Lebensraum haben Fische ...	Sattel 22

13 ... hölzern und Wohnort von Spechten ...	Tapete 15
14 ... gesucht wird eine stachelige Wüstenpflanze ...	Gehirn 23
15 ... dünne Fischknochen ...	Knall 3
16 ... Papierüberzug an Zimmerwänden ...	Tabak 4
17 ... Abwehrwaffen eines Igels ...	Wiege 11
18 ... Denkmasse in unseren Köpfen ...	Baum 16
19 ... dieses Ferkel kann man mit Geld füllen ...	Stacheln 7
20 ... lautes Geräusch, mit dem ein Ballon platzt ...	Sparschwein 8
21 ... Kinderbett, das man hin- und herschaukeln kann ...	Gräten 24
22 ... regelt den Straßenverkehr durch Lichtzeichen ...	Banane 12
23 ... Inhalt einer Zigarette, die geraucht wird ...	Kaktus 20
24 ... krumm, aber Lieblingsfrucht von Affen ...	Ampel 19

Suchmeldung
Welche Person ist gemeint?

1. Ottos rechtes Ohr fehlt!
2. „Panzerknacker Ede“ schielt fürchterlich!
3. Rollis Nase ist total schief!
4. Drei Haare zieren seine Glatze!
5. Wegen des langen Kinns heißt er „König Drosselbart“
6. Die Beule hat ihm eine Tür verpaßt!
7. Sein Spitzname ist „Schnurri Schnurbart“!
8. „Graf Dracula“ nennt man ihn wegen seiner Zähne!
9. Seine Brillen sind von besonderer Art!
10. „Narbengesicht“ ist sehr gefährlich!
11. „Fräulein Pünktchen“ hat eine winzige Nase!
12. Man nennt ihn „Waldrausch“ wegen seines Bartes!

13 Susi's Pfeife raucht wie ein Kamin!

14 Sie trägt Zylinder als Hüte!

15 Die goldenen Ohrringe sind sehr auffällig!

16 Beim Bankraub saß die Brille auf dem Kopf!

17 „Blinki“ fehlt das rechte Auge!

18 Tante Hulda trägt stets Federn im Haar!

19 Trudi hat immer ein Kleeblatt am Hutrand!

20 Das Gesicht der „Rechnerin“ sieht aus wie Zahlen!

21 Wenn sie lächelt, strahlt sie wie die Sonne!

22 Wegen der dicken Wange heißt sie „Hamsterin“!

23 „Schmusi's“ Kuß ist umwerfend!

24 „Wendeltreppe“ hat spiralartige Haare!

LÜK

Genaue Bildbeschreibung

Welches Wiewort (Adjektiv) paßt am besten?

1

satt	6
wohnlich	12
wild	2

2

naß	17
feucht	8
heiß	9

3

langsam	7
steil	22
rasiert	13

4

fromm	14
durchsichtig	11
gemauert	18

5

sauer	3
fleißig	15
stabil	1

6

dunkel	16
verspätet	24
hell	10

7

glitschig	21
vierbeinig	7
gemolken	22

8

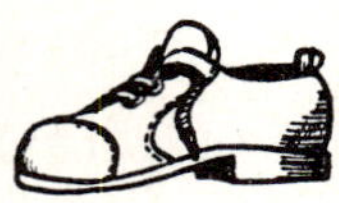

verputzt	19
ledern	5
hungrig	4

9

zersägt	12
diktiert	9
gläsern	8

10

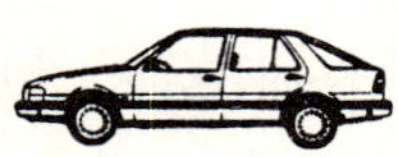

schnell	2
geimpft	1
erkältet	24

11

friedlich	20
seetüchtig	6
beleidigt	11

12

wurmstichig	22
schlau	13
urlaubsreif	16

13

ertrunken	21
listig	10
gespült	23

14

rostig	9
leicht	3
überfüllt	17

15

volljährig	5
verstopft	14
bunt	19

16

kalt	24
gesprächig	4
gestorben	7

17

stumpf	1
verhungert	2
klangvoll	15

18

vernagelt	10
modern	20
müde	6

19

knusprig	11
plombiert	16
rasiert	21

20

giftig	18
pünktlich	23
blind	3

21

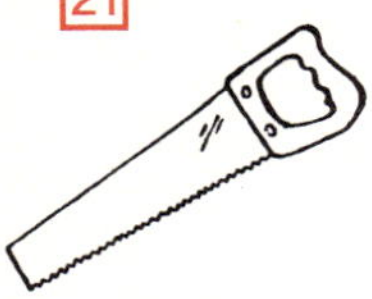

friedlich	8
wasserscheu	19
stumpf	14

22

wertvoll	4
gesund	21
fruchtbar	12

23

undicht	15
gefräßig	17
geschoren	5

24

gekocht	13
verwundet	18
lustig	20

Gegenstandsbeschreibung

Was gehört zusammen?

1 Strom
2 Telefon
3 Rinde
4 Knoten
5 Rücken
6 Fön

... sie umgibt einen Baumstamm ... (21)
... dort tragen wir den Rucksack ... (9)
... Gerät zum Trocknen der Haare ... (17)
... das fließt unsichtbar durchs Kabel ... (14)
... ein Gerät zum Anrufen ... (18)
... dort sind zwei Fäden verknüpft ... (13)

7 Schlitten ... in den Zahn eingesetzte Füllung ... (2)
8 Schule ... das Innere von Eiern ... (22)
9 Dotter ... damit rodeln Kinder den Berg hinab ... (5)
10 Netz ... Lieblingsfrucht der Affen ... (6)
11 Plombe ... Lerngebäude für Kinder ... (1)
12 Banane ... es dient den Spinnen als Fliegenfalle ... (10)

13 Mittwoch ... ein Teil des Hauses ... (23)
14 Keller ... höchster Teil eines Berges ... (16)
15 Glatze ... Kopfschmuck eines Hirsches ... (12)
16 Kuli ... dieser Tag teilt die Woche ... (19)
17 Geweih ... Kopfhaut ohne Haare ... (15)
18 Gipfel ... Abkürzung für Kugelschreiber ... (20)

19 Schale ... dort fahren Autos durch den Berg ... (4)
20 Angel ... Schwellung am Kopf ... (3)
21 Tunnel ... das Äußere eines Pfirsichs ... (11)
22 Pendel ... der 11. Monat des Jahres ... (7)
23 November ... damit fängt man Fische ... (8)
24 Beule ... es schwingt hin und her ... (24)

Schlußsatzzeichen

Welche mußt du setzen?

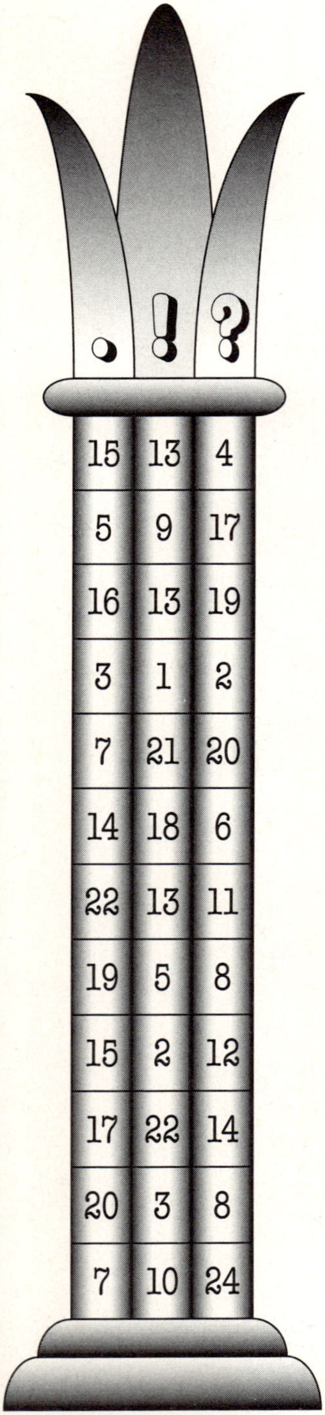

1. Schneide dir die Nägel nicht zu kurz
2. Wir denken oft an Oma
3. Der Sturm deckte viele Dächer ab
4. Bekomme ich demnächst mehr Taschengeld
5. Vergiß nicht, deine Handschuhe anzuziehen
6. Steige an der Kreuzung vom Rad ab
7. Hast du schon dein Bett gemacht
8. Am 6. Dezember kommt der Nikolaus
9. Lautlos gleitet die Eule durch die Baumwipfel
10. Wirf kein Papier auf die Straße
11. Was möchtest du zum Geburtstag haben
12. Sind die Eier weich oder hart gekocht

13 Das neue Buch finde ich spannend

14 Gib acht, daß du nicht fällst

15 Nicht alle Jungen können schwimmen

16 Leihst du mir mal deinen Radiergummi

17 Schalte das Radio ab

18 Komm nicht wieder zu spät zur Schule

19 Den Ladendieb entdeckte eine Verkäuferin

20 Der Brief war 2 Wochen unterwegs

21 Wohnen in Braunschweig nur liebe Menschen

22 Darf ich mir nachher noch den Krimi ansehen

23 Bringe bitte 5 Brötchen mit

24 Hat Anja auch so ein schönes T-Shirt

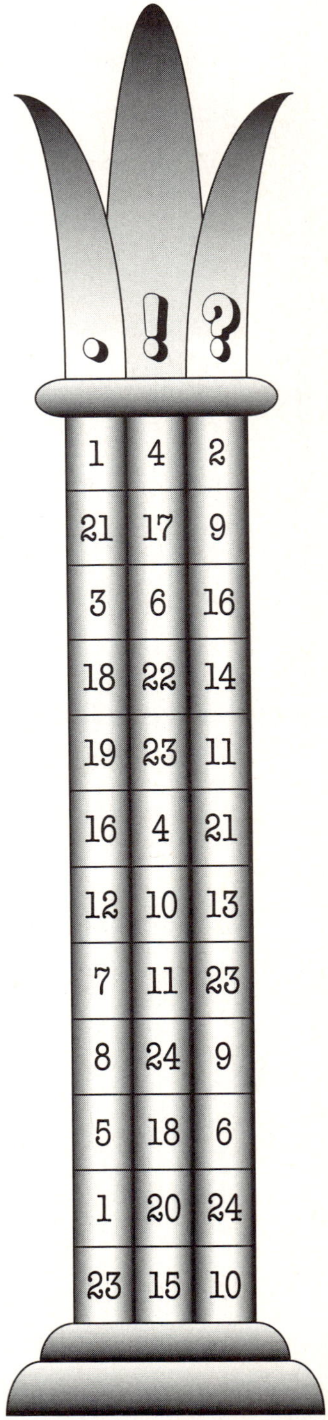

Der letzte Satz im Aufsatz

Welcher Schlußsatz gehört zu
welchem Anfangssatz?

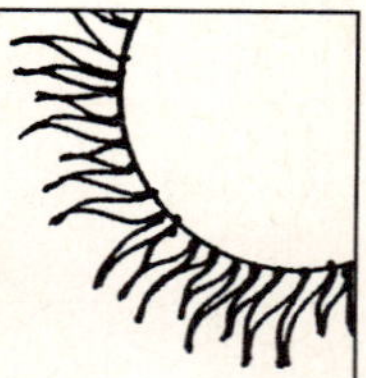

1 Zum Geburtstag bekam Björn einen schwarzweißen Lederball geschenkt.

2 Ein armer Holzfäller hatte 2 Kinder, Hänsel und Gretel.

3 Vater nannte jeden Gebrauchtwagen „Schrottkiste“.

4 Schon als kleines Kind wünschte sich Inga ein Klavier.

5 Der Hund ist der älteste Tierfreund des Menschen.

6 Papageien sind sehr gelehrige Vögel.

7 Zirkus „Van Duin“ hatte sich in unserer Stadt angesagt.

8 Die Tiefsee ist verlockend, aber auch gefährlich.

9 Kämme und Scheren gehörten schon zu seinem Kinderspielzeug.

10 Der Raketenstart erfolgte pünktlich.

11 Das „Tamtam“ der Kriegstrommeln klang durch die Nacht.

12 Ein neuer Traktor wurde gebraucht.

Der Gebrauchtwagen hatte uns allen Glück gebracht. (10)

Wer hätte gedacht, daß dies nicht die Stimme eines Menschen war. (14)

Der Clown weinte bitterlich. (7)

Und so konnte die Ernte noch rechtzeitig eingefahren werden. (20)

Der bekannteste Frisör hieß von nun an „Fritz Öhr“. (9)

Sein Tor entschied die Fußballmeisterschaft. (17)

Alle rauchten die Friedenspfeife. (12)

Das Konzert war ein voller Erfolg. (6)

Dankbarkeit erfüllte alle, als sie wieder „Mutter Erde“ betraten. (4)

Sein Bellen war furchterregend, aber einmalig. (3)

Die Stiefmutter war gestorben, und die Kinder lebten glücklich bei ihrem Vater. (1)

Seit der Zeit gibt es dort keine Haie mehr. (23)

13 Im Herbst sind oft Pilzsammler unterwegs.
14 Leinwand und Farben waren sein größter Wunsch.
15 Es war einmal eine Geißenmutter .
16 Skisportler müssen auch klettern lernen.
17 Der Engel brachte die Botschaft zu den Hirten.
18 Der Vulkan konnte jederzeit ausbrechen.
19 Bäcker müssen früh aufstehen.
20 Ein Haus kann nicht auf Sand gebaut werden.
21 Tierschützer sind oft unangenehme Mitbürger.
22 Tannenbäume, Eichen und Buchen sterben.
23 Grenzpolizisten leben manchmal gefährlich.
24 Viele Kinder unserer Welt sterben in jeder Minute an Hunger.

Schneespuren ins Tal waren die Rettung. (18)
Gott sei Dank glühte die Lava frühzeitig ab. (22)
Daher erhielt die Brezel ihren Namen. (8)
Jede Spendenaktion ist menschlich, bedeutsam und wichtig. (16)
Der Wolf mußte jämmerlich im Brunnen ertrinken. (21)
„Rettet den Wald!“ (2)
Es hat sich gezeigt, daß Beton ein gutes Baumaterial ist. (11)
Fazit: Knollenblätterpilze sind sehr giftig! (5)
Nur so konnte der „Jahresvogel“ gerettet werden. (15)
Ochs und Eselchen wärmten mit ihrem Hauch die Krippe. (19)
Alle Schmuggler wurden gefaßt. (24)
Der Verkauf dieses Bildes war der Start zu seiner Malerkarriere. (13)

Stichwörter

Welches Tuwort (Verb) paßt zu den beiden Stichwörtern?

1	Straße · Ball	einkochen	17	rollen	23
2	Kind · Auto	bremsen	19	angeln	21
3	Förster · Wald	pflegen	21	stricken	10
4	Lehrer · Tafel	tauchen	23	schreiben	24
5	Bauer · Traktor	schwimmen	5	pflügen	16
6	Polizist · Dieb	festnehmen	20	impfen	9
7	Kirche · Glocken	petzen	24	läuten	14
8	Ruine · Wachturm	verfallen	18	melken	2
9	Fernseher · Programm	kochen	1	einschalten	22
10	Reh · Lichtung	äsen	15	rechnen	19
11	Weihnachten · Kerzen	radieren	4	leuchten	17
12	Musiker · Schallplatte	hören	13	mauern	3

13	Buch	· Spannung	braten	6	lesen	12
14	Sense	· Wiese	salzen	22	mähen	8
15	Nest	· Eier	brüten	10	kraulen	7
16	Futter	· Tiere	fressen	11	rasieren	18
17	Feuerzeug	· Flamme	schwimmen	16	brennen	1
18	Schuster	· Sohle	kleben	9	rauchen	20
19	Hund	· Herde	bewachen	2	anschweißen	15
20	Paket	· Post	austrinken	14	zustellen	5
21	Radio	· Sender	frieren	12	einstellen	4
22	Sonne	· Hitze	scheinen	7	graben	13
23	Kanu	· Wildwasser	spurten	8	paddeln	6
24	Fahrrad	· Plattfuß	flicken	3	husten	11

Was paßt am besten?

Welches Namenwort (Nomen) gehört zu den beiden vorgegebenen?

1	Rakete ·	Start	Plattfuß	6	Mond	21
2	Hasso ·	Hundefänger	Tierheim	20	Geburtstag	23
3	Baum ·	Nest	Katze	23	Windpocken	20
4	Schmutz ·	Seife	Dynamit	24	Wasser	22
5	Angel ·	Köder	Auto	11	Karpfen	17
6	Blumen ·	Muttertag	Küßchen	19	Ohrfeige	2
7	Holz ·	Streichholz	Eisberg	1	Feuer	13
8	Pferd ·	Sattel	Reiter	15	Elefant	4
9	Feuer ·	Qualm	Kokosnuß	12	Asche	24
10	Wand ·	Kleister	Tapete	18	Pferdeapfel	3
11	Kälte ·	Schnee	Schlitten	16	Badehose	8
12	Uhr ·	Zeiger	Sägewerk	1	Zeit	14

13	Durst	· Getränk	Regentonne	5	Gläser	9
14	Füller	· Tinte	Heft	7	Wiese	18
15	Garten	· Spaten	Diktat	17	Beete	11
16	Kopf	· Kälte	Mütze	10	Vulkan	15
17	Motor	· Flugzeug	Pilot	2	Misthaufen	19
18	Teig	· Backofen	Dachziegel	13	Brot	12
19	Frage	· Antwort	Ostereier	14	Quiz	1
20	Klavier	· Noten	Konzert	3	Elfmeter	16
21	Fernseher	· Ansagerin	Richtfest	9	Nachrichten	6
22	Berge	· Wanderer	Gipfel	8	Hölle	10
23	Affe	· Hunger	Banane	4	Nashorn	7
24	Aquarium	· Pflanzen	Frisör	22	Fische	5

Wörter-Mix

Welches Namenwort (Nomen) paßt nicht zu den übrigen drei?

1	Geldbote	6	Kassette	11	Überfall	7	Himmel	3
2	Holzfäller	8	Fußpilz	5	Tanne	16	Axt	13
3	Paulinchen	17	Feuerzeug	12	Zitrone	2	Brand	15
4	Rübenernte	4	Indien	9	Elefant	20	Tigerjagd	19
5	Schiffbruch	14	Rettungsboot	10	Insel	23	Regenpause	7
6	Baugrube	18	Pudding	6	Bombe	8	Alarm	2
7	Zahnbürste	11	Wrack	21	Schatz	22	Krake	12
8	Postbote	5	Paket	2	Naturteich	15	Überraschung	22
9	Fußball	24	Meisterschaft	23	Elfmeter	19	Startsprung	1
10	Rakete	13	Rhabarber	8	Irrflug	10	Planet	23
11	Polizeiwache	21	Notruf	4	Alarm	6	Sendeschluß	16
12	Skispringen	22	Abhang	7	Stachelbeere	12	Lawinen	14
13	Tauchsieder	9	Spinne	5	Netz	1	Fliege	20
14	Onkel Dagobert	10	Geldspeicher	15	Panzerknacker	11	Unterhose	17
15	Wolf	2	Zahnarzt	13	Geißlein	3	Bäcker	18
16	Kreuzung	15	Unfall	19	Notarzt	4	Teppich	10
17	Champignons	23	Klavier	1	Bühne	5	Wunderkind	21
18	Schloß	16	Shampoo	14	Sarg	17	Drakula	8
19	Dschungel	12	Schleichweg	18	Schweißgerät	24	Schlange	2
20	Rennbahn	7	Pferd	3	Schneider	21	Wette	6
21	Freistoß	19	Neubau	20	Gerüst	9	Sturm	4
22	Schuß	1	Wilderer	17	Startbahn	18	Förster	5
23	Schiff	3	Hundefutter	22	Prinzessin	14	Piraten	11
24	Heu	20	Gitarre	16	Sänger	13	Mikrofon	9